Histoire du Bouddhisme. — Relation des royaumes bouddhiques, traduite du chinois, et accompagnée d'un commentaire, par Abel Rémusat

J.-J. Ampère

Paris, 1837

HISTOIRE

DU BOUDDHISME.

RELATION DES ROYAUMES BOUDDHIQUES,
Traduite du chinois et accompagnée d'un Commentaire

PAR ABEL RÉMUSAT.

En terminant la notice que j'ai consacrée dans cette *Revue*[1] aux beaux travaux d'Abel Rémusat, j'annonçais la publication d'un ouvrage important que ce savant illustre laissait inachevé : c'était la traduction d'un voyage entrepris et écrit par un Chinois du IVe siècle. L'auteur de ce livre, intitulé *Relation des royaumes bouddhiques*, était un religieux de la secte de Foë (Foë est, comme on sait, le nom de Bouddha à la Chine) ; il se nommait Fa-Hian, et partit vers la fin du IVe siècle, dans l'intention de parcourir tous les pays étrangers où la religion de Bouddha était établie, de visiter les temples et les monastères, de recueillir les livres sacrés de cette religion, qui, persécutée dans l'Inde son berceau, s'était dès-lors établie à la Chine, et devait s'étendre dans toute la Haute-Asie.

Je fis pressentir de quel prix serait la traduction d'une relation pareille, accompagnée du savant commentaire qu'y avait joint M. Rémusat, et dans lequel il avait déposé le fruit de ses longues recherches sur l'histoire du bouddhisme, son étude de prédilection, une de celles, en effet, qui méritaient le mieux d'occuper un esprit de la valeur et de la portée du sien.

M. Rémusat avait terminé sa traduction quand il mourut. Une grande partie du commentaire était entièrement achevée : M. Klaproth se chargea de continuer le travail interrompu ; mais lui-même fut frappé avant d'arriver au terme. Un jeune savant, élève de M. Rémusat et pieusement attaché à sa mémoire, {{M.{Landresse}}}, a mis la dernière main à ce monument de la science, au pied duquel deux maîtres étaient tombés ; il en a surveillé avec zèle la publication laborieuse, et lui a donné pour péristyle une introduction qui est loin de le déparer.

Pour moi, rendre compte de cette dernière production du savant dont j'ai essayé d'apprécier les travaux dans cette *Revue*, c'est achever de remplir un engagement envers elle et un devoir envers lui.

Je ne reviendrai pas sur ce que j'ai eu occasion de dire alors du bouddhisme, de son importance et de son histoire. Je rappellerai seulement qu'il s'agit d'une croyance qui date de trois mille ans, qui le cède au christianisme seul pour le nombre de ses sectateurs et la pureté de sa morale, qui a été florissante dans l'Inde, qui s'est établie successivement à Ceylan, en Chine, au Japon, en Corée, au Thibet, et a introduit quelque civilisation chez les peuples tartares ; qui mérite par conséquent, à plus d'un titre, l'attention et le respect de tous ceux qui contemplent avec intérêt les vicissitudes de l'humanité. Aussi bien, c'est principalement par rapport au bouddhisme que le voyage de Fa-Hian peut nous intéresser, car lui-même ne s'intéresse à nulle autre chose. Ce n'est qu'accidentellement qu'il fournit çà et là de curieux renseignemens topographiques ; car son but n'est pas de satisfaire une curiosité mondaine. Il veut, dans les diverses régions où Bouddha est honoré, saluer les lieux qu'illustrent des légendes ou des reliques célèbres, recueillir des traditions, des enseignemens, des livres sacrés ; il veut visiter les monastères de *la petite translation ou de la grande*. Ce qui lui importe uniquement, c'est la propagation, la décadence ou le progrès de sa foi. Aussi a-t-il tracé un véritable itinéraire pareil à ceux dans lesquels les pélerins du moyen-âge racontaient leur visite aux lieux saints. Ce voyage ressemble encore mieux à celui du juif Benjamin de Tudèle, qui, parcourant le monde entier, n'y voit que des juifs. Fa-Hian ne voit et ne cherche que des bouddhistes.

Si cette préoccupation religieuse ôte à la relation de son voyage l'intérêt varié qu'elle pourrait offrir dans un point de vue plus libre et plus étendu, on sent que l'histoire du bouddhisme doit gagner à ce qu'on peut nommer l'idée fixe du voyageur chinois. Or, c'est l'importance d'un tel sujet qui donne un intérêt profond à la relation de Fa-Hian, et qui fait du travail de M. Abel Rémusat un des chapitres les plus instructifs d'une histoire qui reste encore à faire dans son ensemble, et qui sera l'une des plus curieuses et des plus nouvelles que l'on puisse écrire, l'histoire du bouddhisme.

Fa-Hian partit en 499, avec plusieurs autres dévots pélerins, de sa ville natale, située dans une des provinces septentrionales de la Chine, s'avança à travers le grand désert de Tartarie, qu'il appelle le *Fleuve de sable*, jusqu'au lac de Lop ; puis, revenant au sud et inclinant toujours à l'ouest, il franchit la grande chaîne centrale presque au nord de Cachemir, passa l'Indus, entra dans l'Afganistan et la Perse, rentra dans l'Inde, la traversa de l'ouest à l'est, suivit le Gange jusqu'à son embouchure, s'embarqua pour Ceylan, et revint dans sa patrie en touchant Java. Il avait fait environ trois mille lieues de chemin ; son voyage avait duré seize années.

Dans cette longue course, il perdit plusieurs de ses compagnons : les uns moururent ; un autre, édifié de la sainteté des religieux indiens et la trouvant supérieure à celle des religieux chinois, déclara que, si dans une existence suivante il avait le bonheur de devenir Bouddha, il désirait renaître parmi les premiers ; en attendant il s'y fixa. Mais Fa-Hian, qui voulait propager la doctrine dans son pays, resté seul, continua sa route.

En général son récit n'est qu'un journal assez aride ; les sentimens, les impressions de l'auteur, ne se manifestent presque jamais. On n'en est que plus touché quand on les voit tout à coup apparaître, et quand on sent, avec quelque surprise, un cœur d'homme battre sous la robe du pélerin chinois.

Il interrompt son récit des merveilles religieuses de Ceylan par ces paroles : « Depuis que Fa-Hian avait quitté la terre de Han (la Chine), plusieurs années s'étaient écoulées. Les gens avec lesquels il avait des rapports étaient tous des hommes de contrées étrangères. Les montagnes, les rivières, les arbres, les herbes, tout ce qui avait frappé ses yeux était nouveau pour lui. De plus, ceux qui avaient fait route avec lui s'en étaient séparés, les uns s'étant arrêtés, les autres étant morts. En réfléchissant au passé, son cœur était toujours plein de pensées et de tristesse. Tout à coup, à côté de cette figure de Jade (une idole bouddhique), il vit un homme qui faisait hommage à la statue d'un éventail blanc du pays de Tsin (sa province natale) ; sans qu'on s'en aperçût, cela lui causa une émotion telle que ses larmes coulèrent et remplirent ses yeux. »

Ailleurs, le pélerin bouddhiste raconte quelles furent ses transes pendant une tempête qui le surprit après son départ de Ceylan. Il craignait surtout que les marchands sur le navire desquels il faisait route vers sa patrie, ne jetassent à la mer ses livres sanscrits, qu'il avait mis plusieurs années à recueillir et à copier, ainsi que les saintes images qu'il rapportait. Il priait dévotement Bouddha de faire revenir vivans dans la terre de Han tous les *religieux*. Cet oubli des laïques dans ses vœux de délivrance sent quelque peu le moine. Une autre fois il faillit être lui-même victime de l'esprit de secte. Il se trouvait sur un vaisseau rempli de brahmanes. Ceux-ci se dirent entre eux : « C'est le séjour de ce samanéen[2] sur notre bord qui nous a attiré ce malheur ; il faut débarquer ce mendiant sur le rivage d'une île ; il ne convient pas que, pour un seul homme, nous soyons exposés à de tels dangers. » Combien de fois des matelots italiens ou espagnols ont manifesté dans une tempête le même sentiment à l'égard d'un passager protestant !

Enfin, le religieux voyageur rentra dans son pays après avoir accompli son pénible et curieux voyage. « En récapitulant ce que j'ai éprouvé, dit-il vers la fin de sa relation, mon cœur s'émeut involontairement ; les sueurs qui ont coulé dans mes périls ne sont pas le sujet de cette émotion. Ce corps a été conservé par les sentimens qui m'animaient. C'est mon but qui m'a fait exposer ma vie dans des pays où l'on n'est pas sûr de sa conservation, pour parvenir jusqu'à ce qui était l'objet de mon espoir, à tout risque. »

Ces simples paroles ne remuent-elles pas le cœur ? n'intéressent-elles pas à cette foi pour laquelle un pauvre religieux s'est exposé à tant d'obscurs périls ? Mais laissons la personne et les sentimens de Fa-Hian, sur lesquels il y avait peu de chose à dire, et passons à ce qu'il nous apprend des contrées qu'il a parcourues.

Le résultat le plus essentiel de son voyage, aux yeux de la science, est de montrer l'extension et de décrire l'état du bouddhisme dans des contrées sur lesquelles il n'existe aucun autre renseignement contemporain. Il résulte de sa relation que le bouddhisme était établi au IVe siècle sur la rive droite de l'Indus, dans un pays que l'on nomme encore aujourd'hui pays des idolâtres (Kafristan). Depuis lors il n'a fait qu'y déchoir, jusqu'au temps où l'islamisme l'a entièrement aboli, comme il a détruit le christianisme à l'autre extrémité de l'Asie, remplaçant par l'enthousiasme guerrier et la sensualité ardente l'esprit pacifique et mortifié des deux religions qu'il a vaincues.

Dans les régions qu'il parcourt, notre voyageur voit prédominer tour à tour le culte hérétique des brahmanes et l'orthodoxie bouddhiste. Après avoir repassé à l'est de l'Indus, il retrouve celle-ci florissante au sein de l'Inde centrale. Là, dans son ancienne patrie, le bouddhisme était encore respecté au commencement du Ve siècle, malgré les atroces persécutions qui l'avaient banni de l'Inde méridionale, mais qui n'avaient pas eu le dessus aux bords du Gange. Ce fait, qu'on ignorerait sans Fa-Hian, est important pour l'histoire du bouddhisme ; car d'autres voyageurs chinois, un peu postérieurs, nous apprennent que dès leur époque il donnait dans ces régions des signes de décadence, après une vie continue de seize ou dix-sept siècles.

On voit aussi par la relation de Fa-Hian que de son temps l'Inde avait déjà reçu la doctrine des Tao-ssé. La secte des Tao-ssé, dont le père fut Lao-tseu, qu'on pourrait appeler le Platon chinois, comme Confucius en fut le Socrate ; cette secte, dont nous ne savons guère que le nom, avait donc, au

IVe siècle, pénétré depuis long-temps dans l'Inde. Elle a dominé au Thibet jusqu'à l'époque où le bouddhisme a triomphé dans ce pays. Elle y a encore des adhérens. On sait qu'en Chine elle est une des trois religions de l'empire ; les deux autres sont le déisme de l'école de Confucius et le bouddhisme.

La Chine est un monde séparé du nôtre. Il n'en est que plus intéressant de relever le petit nombre de points par où les annales de cet empire, qui se croit l'empire du milieu, et qui est à l'une des extrémités de l'univers, touchent à l'autre bout de la terre ; trouver dans les annales chinoises quelques renseignemens sur les origines des populations germaniques, sur la grande émigration de peuples dont le dernier contrecoup a produit l'invasion des Barbares dans la Gaule au Ve siècle, n'est-ce pas un des résultats les plus inattendus, une des surprises les plus piquantes que la science puisse offrir à la curiosité ? Deguignes le premier a tenté d'éclaircir ainsi l'histoire de l'Occident par des renseignemens puisés aux sources les plus lointaines. Malheureusement, sa donnée fondamentale reposait sur une identité que la science conteste aujourd'hui, l'identité des Huns et des Hioung-nou, dont parlent les historiens chinois. Celle que MM. Rémusat et Saint-Martin ont cru reconnaître entre les Yue-ti et les Gêtes, les O-si et les Ases, soutiendra-t-elle mieux la critique ? Je n'oserais l'affirmer. Les cheveux blonds que les historiens chinois attribuent à ces peuples sont la seule raison un peu considérable qu'on puisse avoir de les rattacher à la famille germanique. La ressemblance des noms est bien quelque chose ; mais le génie monosyllabique de la langue chinoise et le défaut dans cette langue de plusieurs articulations, par cela même qu'ils rendent possible le rapprochement de mots assez différens, empêchent d'y ajouter une foi complète. Comment être sûr que Yue-ti est la transcription chinoise du nom des Gêtes ? Mais, d'autre part, comment le nier avec certitude, quand on voit les missionnaires qui ont traduit la Bible en chinois, ne pas trouver dans les ressources vocales de cet idiome d'autre manière d'écrire Abraham que A-pou-la-mou ?

Cependant, l'accord sur ce point des hommes que j'ai nommés, les plus compétens en cette matière que le siècle ait produits, cet accord est d'un grand poids. En outre, cette supposition est conforme à toutes les vraisemblances, puisqu'elle montre les populations mères des nations germaniques aux lieux où toutes les inductions de la philologie et l'examen de leurs propres traditions concourent à placer leur berceau, c'est-à-dire au centre de l'Asie, au nord de la Perse et à l'ouest du Thibet.

Dans cette hypothèse, les communications de la Chine avec les races germaniques remonteraient au second siècle avant Jésus-Christ, époque de la mission du général Tchang-Kiao chez les Gêtes (Yue-ti) et de sa double captivité chez les Hioung-Nou (les Huns) ? Une autre mission à l'ouest, plus singulière encore, est celle de Kan-Yng dont parle notre voyageur bouddhiste, et qui fut envoyé par un célèbre conquérant chinois, l'an 97 de Jésus-

Christ, au bord de la mer Caspienne, avec ordre d'aller soumettre un certain royaume de Fou-Lin, dont on avait vaguement ouï parler à la cour céleste ; ce royaume de Fou-Lin était l'empire romain.

D'autre part, le voyage de Fa-Hian nous montre les Gêtes faisant la guerre à des populations des bords de l'Indus pour leur disputer le Pot-d'Or de Bouddha : quelle singulière révélation que celle d'un peuple germanique entreprenant une guerre religieuse, une sorte de croisade bouddhique en Perse, avant le ve siècle ! Ces divers faits, tout isolés qu'ils sont, ne font-ils pas rêver ? n'ouvrent-ils pas des aperçus entièrement neufs sur les rôles et les rapports des peuples ? n'éclairent-ils pas d'un jour étrange l'histoire de l'humanité ? Ce sont des indications pareilles qui donnent à cette publication son principal intérêt historique. Mais en outre le texte et surtout les notes, souvent plus curieuses que le texte, renferment des renseignemens fort intéressans sur le bouddhisme, sur ses dogmes, ses mythes, ses légendes, sur son organisation ecclésiastique ou plutôt monacale ; car, comme l'a remarqué M. Hogdson, le bouddhisme a des moines et il n'a pas de clergé. Je vais choisir dans l'ensemble de l'ouvrage quelques-uns des passages qui peuvent le mieux caractériser sous différens rapports la religion bouddhique.

Le bouddhisme contient une métaphysique et une mythologie, la première très abstraite, la seconde très abondante et très confuse. La partie dogmatique du bouddhisme joue naturellement un faible rôle dans le récit du voyageur. La partie mythologique et légendaire y joue au contraire un rôle considérable ; c'est d'elle en conséquence que nous devrons principalement nous occuper.

Les bouddhistes ne manquèrent certes pas de l'imagination nécessaire pour composer une mythologie. Cependant ils ont trouvé commode de s'emparer de la mythologie toute faite du brahmanisme, sans renoncer à y joindre leurs propres inventions : d'ailleurs c'est du brahmanisme qu'ils sont sortis ; ils ont jeté d'abord une secte réformée qui, peu à peu, est devenue une religion indépendante et hostile. Aussi ils ne rejettent point Brahma, ils ne l'excluent point du panthéon bouddhique, mais ils lui assignent une place inférieure à Bouddha.

Cette place varie dans les divers traités mythologiques. Tantôt on lui donne à gouverner la plus grande des trois agrégations de l'univers, qui contient, avec beaucoup d'autres choses, mille millions de soleils[3] ; c'est ce qu'on peut appeler un pis aller assez consolant et une retraite fort honorable ; tantôt il est un personnage beaucoup moins imposant, il est seulement « le premier des vingt dieux qui sont nommés comme ayant des fonctions et une protection à exercer à l'égard des autres êtres. On lui donne le titre de roi, faible dédommagement du rang de Dieu suprême ; — il est strict observateur des préceptes et sait gouverner la troupe des brahmanes. » — Ici l'arrogance du culte nouveau et triomphant perce à travers les hommages un peu dérisoires qu'elle accorde à l'ancienne divinité détrônée par Bouddha. C'est comme le pacifique royaume du Latium donné au bonhomme Saturne en dédommagement de l'Olympe où s'assied Jupiter.

Ailleurs le bouddhisme a pactisé moins arrogamment avec le brahmanisme. Il a conservé à la trinité brahmanique son triple rôle de création, de conservation et de destruction ; seulement il a fait émaner les trois grands dieux, Brahma, Vichnou et Siva, ainsi que les dieux inférieurs, du suprême Bouddha. Tels sont les arrangemens, et, pour ainsi dire, les traités qu'ont faits ensemble les deux religions. Telles sont les conditions qu'a imposées et les indemnités qu'a octroyées le dieu vainqueur aux dieux vaincus.

Quant au dogme proprement dit, je ferai seulement remarquer qu'il a produit ce qu'il est dans l'essence de tout dogme fécond de produire : l'hérésie ; il est souvent question, dans le voyage de Fa-Hian et dans d'autres livres bouddhiques, des philosophes hétérodoxes. Du temps de Bouddha, il y avait déjà, selon la tradition, quatre-vingt-seize sectes d'hérésie ; les bouddhistes appellent *vues* les diverses opinions des hérésiarques. Parmi elles, on retrouve les spéculations métaphysiques les plus raffinées ; dans toutes les religions, la métaphysique est la mère de l'hérésie.

Mais arrivons aux légendes sur Bouddha.

L'histoire réelle du personnage qui a fondé le bouddhisme et lui a donné son nom, est impossible à retrouver sous l'amas de fables dont trente siècles et trente peuples l'ont surchargée. Jamais la biographie ne fut plus complètement ensevelie sous la légende. La science, en rapprochant les traditions indiennes, chinoises, cingalaises, birmanes, japonaises, thibétaines, tartares, sur l'origine du bouddhisme, a pu seulement déterminer avec une grande vraisemblance l'époque de l'apparition de Bouddha, et la fixer vers le milieu du Xe siècle avant Jésus-Christ. Le voyage de Fa-Hian confirme cette date, à laquelle d'autres recherches avaient conduit M. Rémusat. Ce voyage change un peu les idées qu'on pouvait se faire sur le lieu d'où le bouddhisme a commencé à se propager. Il place le berceau de cette religion dans l'Inde centrale, au bord du Gange, tandis qu'on l'avait à tort transporté dans le Behar méridional[4].

Il paraît que Bouddha est né aux environs d'Aoude, et, au sud, sa prédication n'a pas passé le Gange.

Voilà à peu près tout ce que l'on peut dire historiquement de ce grand réformateur, dans lequel ses sectateurs ont vu une incarnation divine, incarnation qui a été précédée et sera suivie d'une infinité d'incarnations du même genre, de milliers d'autres Bouddhas.

De plus, les nombreuses nations qui ont adopté le bouddhisme ont prêté à son fondateur des aventures plus extraordinaires les unes que les autres. L'imagination avait un champ presque illimité pour les produire ; car Bouddha a parcouru une série incalculable d'existences. « Le nombre de mes naissances et de mes morts, dit-il, ne peut se comparer qu'à celui des arbres et des plantes de l'univers entier. On ne pourrait compter les corps que j'ai eus. Moi-même je ne puis énoncer les renouvellemens et destructions du ciel et de la terre que j'ai vus[5]. » Ainsi, on n'eut pas à rêver seulement une vie, mais des vies innombrables de Bouddha. Et la légende put se multiplier à l'infini comme le dieu lui-même.

Bouddha a une biographie antérieure à sa naissance. Il a commencé par être un homme ordinaire cherchant la sagesse. Puis, de degrés en degrés, à travers des millions d'existences, il s'est élevé au rang de boddisattva (uni à l'intelligence) ; il a été roi de l'univers ; il est monté au ciel de Brahma ; il a été Brahma ; la durée de la vie d'un Brahma est de deux régénérations du monde, ou deux mille six cent quatre-vingt-huit millions d'années. Il était à la fois un dieu dans le ciel, et sur la terre un saint roi. Mais dans cet état de béatitude, Bouddha est saisi du désir de sauver les hommes… Il veut témoigner sa commisération pour toutes les douleurs, et *faire tourner la roue* pour tous les êtres vivans[6]. Pour cela, il résout de se faire homme ; il choisit la mère qui doit l'enfanter. C'est une vierge[7] qui concevra en songe d'un saint esprit.

La légende a diversifié de plusieurs manières le sentiment de mélancolie sublime qui saisit Bouddha à la vue de la misère humaine, et lui fait prendre la résolution de sauver, d'affranchir l'homme de la douleur, c'est-à-dire, dans le point de vue du quiétisme bouddhique, de le tirer de la sujétion des existences changeantes et périssables, soumises aux troubles et à la souffrance, pour l'élever à l'état de repos immuable qui résulte de l'union de l'intelligence avec la substance infinie d'où elle émane.

Bouddha dit, dans une légende citée par M. Rémusat :

« Les maux qui affligent tous les êtres, les erreurs auxquelles ils sont en proie et qui les écartent de la droite voie, leur chute dans le séjour des grandes ténèbres, les douleurs sans fin qui les tourmentent sans qu'ils aient un libérateur ou un protecteur, leur font invoquer ma puissance et mon nom. Mais leurs souffrances que mon œil céleste me fait voir, que mon oreille céleste me fait entendre, et auxquelles je ne puis porter remède, me troublent au point de m'empêcher d'atteindre à l'état de pure intelligence[8]. »

Ailleurs, la légende raconte comment Sakya-Mouni, le dernier apparu des Bouddhas, le fondateur du bouddhisme actuel, a été amené à sa résolution d'affranchir l'homme et de sauver le monde.

Bouddha est fils d'un roi puissant qui, le voyant triste et rêveur, lui a donné trois épouses accomplies. Chacune d'elles a vingt mille vierges à son service, toutes d'une exquise beauté et pareilles aux nymphes du ciel. Malgré ces soixante mille femmes, qui toutes s'occupent à le soigner et à l'amuser par leurs concerts, le jeune prince n'ouvre point son ame à la joie. Il est tourmenté du désir de connaître la vraie doctrine ; les ministres de son père conseillent de faire voyager le prince pour le distraire de sa méditation. Mais un dieu qui veut l'y ramener, se place quatre fois devant ses pas, sous un déguisement différent. C'est d'abord sous l'aspect d'un vieillard.

Le prince demande : Qu'est-ce que cet homme ? et ses serviteurs lui répondent : C'est un homme vieux. Qu'est-ce que c'est que vieux ? demande-t-il encore, et on lui fait une peinture énergique et lugubre des misères de cet homme, « dont les organes sont usés, dont la forme est changée, qui a le teint flétri, la respiration faible, et dont les forces sont épuisées ; il ne digère plus ce qu'il mange ; ses articulations se disloquent ; s'il se couche ou s'assied, il a besoin des autres ; s'il parle, c'est pour regretter ou pour se plaindre ; le reste de sa vie n'est propre à rien. Voilà ce qu'on appelle un vieillard. » Le jeune prince, après avoir fait lui-même quelques réflexions sur la vieillesse qu'il compare à un char brisé, revient plus triste qu'il n'était parti. « La douleur qu'il avait eue, pensant que tous étaient soumis à cette grave infortune, ne lui permit de goûter aucune joie. »

Le prince sort de nouveau. Son père avait défendu que rien de fétide ou d'immonde se trouvât sur la route. Mais le dieu qui, d'abord, s'était déguisé en vieillard, prend cette fois la forme d'un malade gisant au bord du chemin. « Ses yeux ne voyaient pas les couleurs, ses oreilles n'entendaient pas les sons, ses pieds et ses mains cherchaient le vide ; il appelait son père et sa mère, et s'attachait douloureusement à sa femme et à son enfant. » Le prince demanda : Qu'est ceci ? Ses serviteurs lui répondirent : C'est un malade. Qu'est-ce qu'un malade ? reprit le prince. Ils répondirent : L'homme est formé de quatre élémens. Chaque élément a cent et une maladies qui se succèdent alternativement. Suit une peinture de l'état de maladie. Le prince réfléchit que lui-même peut être semblable à ce malheureux ; il pense à la triste condition des hommes, et il s'écrie : « Je regarde le corps comme une goutte de pluie ; quel plaisir peut-on goûter dans le monde ? »

Un autre jour, le dieu se changea en un homme mort qu'on portait hors de la ville. Le prince demanda : Qu'est-ce que cela ? Les serviteurs lui répondirent : C'est un mort. Qu'est-ce qu'un mort ? reprit le prince. Ici, un horrible tableau des suites physiques de la mort. Le prince poussa un long soupir, prononça quelques vers mélancoliques, et s'en revint à son palais, considérant tristement que tous les êtres vivans étaient soumis aux tourmens et aux douleurs de la vieillesse, de la maladie et de la mort. Il en était tellement attristé, qu'il ne mangeait plus.

Enfin, le dieu se déguise en religieux, et révèle au prince la vraie doctrine, par laquelle on s'élève au-dessus des misères de la vie et des vicissitudes de l'être, en supprimant les désirs, et en atteignant, par la quiétude, à la simplicité du cœur. Quand un homme est parvenu à ce point d'abnégation, les sons et les couleurs ne peuvent le souiller, les dignités ne peuvent le fléchir ; il est immobile comme la terre, il est délivré de l'affliction et de la douleur, et il obtient le salut par l'extinction.

Telles sont les quatre initiations par lesquelles cette curieuse légende conduit le fondateur du bouddhisme à l'absorption suprême, morne refuge offert par cette religion contemplative et mélancolique contre l'agitation, la douleur, la mortalité, essence de la vie.

Dans la suite de la légende, le dieu emploie un autre moyen pour éclairer Bouddha sur la misère des êtres vivans. Les ministres du roi, voulant toujours distraire le jeune prince, proposent de lui faire voir les travaux de l'agriculture. « Le prince considérait ceux qui labouraient ; en creusant la terre, on en fit sortir des vers... Un corbeau vint les becqueter et les mangea. Le dieu fit aussitôt paraître un crapaud qui les poursuivit et les avala ; puis un serpent à replis tortueux sortit d'un trou et dévora le crapaud ; un paon s'abattit en volant et piqua le serpent ; un faucon se saisit du paon et le dévora ; un vautour fondit sur le faucon à son tour, et le mangea. » »

Bouddha est ému de compassion en voyant que tous les êtres vivans s'entre-dévorent ainsi, et ce mouvement de pitié l'élève à son premier degré de contemplation.

Enfin, de peur qu'il n'hésite encore à se séparer du monde, les dieux appellent l'esprit de satiété dans son palais. Tandis qu'on dormait, toutes les parties du palais furent changées en tombeaux ; les femmes du prince et leurs suivantes changées en cadavres, dont les ossemens étaient dispersés. Le prince, voyant les salles du palais changées en tombeaux, et, parmi ces tombeaux, les oiseaux de proie, les renards, les loups, les oiseaux qui volent et les bêtes qui marchent ; voyant que tout ce qui existe est comme une illusion, un changement, un songe, une voix, que tout retourne au vide, et qu'il faut être insensé pour s'y attacher, fait seller son cheval, et va dans la solitude et la contemplation s'affranchir des douleurs des trois mondes.

Dans ces légendes poétiques et populaires respirent les deux sentiments qui ont inspiré le bouddhisme, une profonde commisération pour la souffrance universelle des êtres, et par suite une aversion quiétiste pour la vie, un besoin immense d'échapper aux troubles de l'existence, de se plonger, de se noyer dans l'océan de l'infini, pour ne plus sentir à la surface l'agitation des flots.

Ce qui se rapporte à la conversion de Bouddha, est la partie de la légende qui caractérise le mieux la doctrine de son héros. Mais il est beaucoup d'autres récits intéressans mentionnés dans la relation du voyageur chinois, ou rapportés dans les notes des éditeurs. Telle est la naissance merveilleuse de Bouddha, issu d'une vierge, évènement salué par les dieux, les génies, les prêtres des autres religions, enfin par tous les êtres ; telles sont les tentations de diverses natures auxquelles il fut exposé, tantôt par les charmes des trois filles de Jaspe, qui voulaient le troubler dans sa solitude, et que d'un mot il changea en vieilles femmes, de sorte, dit la légende, qu'elles furent obligées de se servir de bâton pour retourner d'où elles étaient venues ; tantôt de la part d'un mauvais esprit son ennemi, qui, à la tête de dix-huit cent mille démons, s'efforce de l'épouvanter par ses prestiges. Ici plusieurs détails rappellent la tentation de saint Antoine. « Ces démons prirent la forme de lions, d'ours, de rhinocéros, de tigres, d'éléphans, de bœufs, de chevaux, de chiens, de porcs et de singes ; on en voyait qui avaient des têtes d'animaux sur des corps humains, d'autres qui avaient des corps de serpens venimeux, et des têtes de tortue à six yeux ; il y en avait à plusieurs têtes, avec des dents et des griffes crochues ; ils portaient des montagnes sur le dos, faisaient sortir de leur bouche du feu, des tonnerres et des éclairs. » Ne dirait-on pas que Fa-Hian connaissait Callot !

Enfin la mort de Bouddha, c'est-à-dire son absorption dans l'essence absolue ou le vide infini, est une circonstance dont le souvenir revient plusieurs fois dans le récit de Fa-Hian, dont la légende s'est emparée, qu'elle a entouré de merveilleux et de poésie, enfin que l'art a reçu de ses mains, et a traité à son tour avec un certain grandiose peu ordinaire en ces contrées. J'ai vu à Leyde le tableau japonais de la mort de Bouddha, dont M. Siebold a donné la gravure dans son ouvrage sur le Japon, et j'ai été frappé du caractère de majestueuse tristesse, de recueillement douloureux, empreint sur toute cette composition, dans laquelle les dieux, les hommes, les animaux, la nature entière, entourent d'un deuil universel le cadavre du sauveur des mondes.

Tous les pays où le bouddhisme s'est établi, offrent des traces de la présence de son divin fondateur et des merveilles qu'il a opérées. L'on montre l'empreinte de son pied dans une foule de lieux ; la plus célèbre est celle de Ceylan, où des chrétiens peu éclairés ont cru voir un vestige de la présence d'Adam. Souvent ces traditions locales sont extrêmement puériles[9] ; mais il en est aussi de touchantes, il en est qui expriment d'une manière naïve le sentiment d'humanité, qui est le plus beau trait de la morale bouddhique et de la vie légendaire de Bouddha.

Ainsi, sans être un pélerin croyant comme Fa-Hian, on pourrait être ému en voyant le lieu où Bouddha, fuyant ses ennemis et abandonnant son royaume, trouva un pauvre brahmane qui demandait l'aumône. Ayant perdu son royaume et son rang, n'ayant plus rien, il commanda qu'on le liât lui-même et qu'on le livrât au roi son ennemi, afin que l'argent qu'on donnerait pour lui servît d'aumône.

Et remarquez que le mendiant pour qui Bouddha se dévoue ainsi, est un brahmane, c'est-à-dire appartient à la caste des persécuteurs et des persécuteurs quelquefois atroces du bouddhisme. Le bouddhisme, dans une pareille légende, se montre supérieur à la division des castes, et aux représailles de la vengeance. Il dit à sa manière : Faites du bien à ceux qui vous persécutent.

Une foule d'actes que la légende attribue à Bouddha, expriment, sous une forme souvent bizarre, son dévouement universel, son inépuisable amour pour tous les êtres. Il fait l'aumône de ses yeux, l'aumône de sa tête, il livre son corps à un tigre qui mourait de faim pour lui sauver la vie[10].

L'histoire du pot d'or de Foë, que « de pauvres gens parviennent à remplir avec quelques fleurs, tandis que des gens riches qui apporteraient des fleurs en offrandes, pourraient en mettre mille ou dix mille grandes mesures, sans jamais parvenir à la remplir ; » cette histoire gracieuse est presque aussi touchante que notre vieille légende française du *Barizel*, ce baquet merveilleux que n'avaient pu remplir tous les fleuves, toutes les fontaines, toutes les mers, mais qu'une larme de repentir comble et fait déborder.

En général, la morale bouddhique respire une mansuétude et une tendresse qui embrasse tous les hommes et s'étend jusqu'aux animaux. Cette charité peut-être extrême les considère aussi comme le prochain de l'homme. Du reste, elle prescrit toutes les œuvres de miséricorde et d'humanité. Grace au bouddhisme, la peine de mort était abolie vers le temps d'Attila, dans le pays occupé aujourd'hui par les féroces Afghans. Le jugement de Dieu y était en vigueur, mais sous une forme bénigne. Il ne s'agissait point de saisir un fer rouge, ou de passer à travers la flamme d'un bûcher, comme dans les anciennes mœurs de l'Inde et de l'Europe ; quand deux personnes avaient une contestation, elles prenaient médecine, le crime avait infailliblement la colique et l'innocence ne s'en portait que mieux.

Un roi barbare avait voulu établir un enfer dans ses états ; mais un mendiant bouddhiste le convertit, il obtint la foi, et détruisit son enfer. Bizarre inconséquence de l'esprit de charité, car le bouddhisme a deux enfers, et dans chacun seize étages de tourmens. Les ames criminelles les traversent tous successivement. Au reste, c'est plutôt un affreux purgatoire qu'un enfer proprement dit, car la doctrine de la transmigration des ames et de la succession des existences a du moins sauvé le bouddhisme du dogme de l'éternité des peines.

Du reste, plusieurs des supplices créés ou reproduits par l'impitoyable imagination de Dante se trouvent dans l'enfer bouddhique. Tels sont le sable brûlant, les chaudières, les crocs, le bain de sang, les glaives qui percent ou tailladent ; là aussi il y a des damnés qui, comme Philippo Argentieri, déchirent leur propre chair avec leurs ongles, *a brano a brano*. Il y a le supplice du froid après le supplice du feu. C'est une consolation de penser que ces atroces imaginations, qui ont épouvanté tant de pauvres ames, ne peuvent se varier beaucoup, et que leurs auteurs, qu'ils écrivent en Orient ou en Occident, retombent forcément dans les mêmes combinaisons de tourmens. C'est un soulagement analogue à celui qu'on éprouve en songeant que la cruauté qui inflige des supplices réels ne saurait non plus passer une certaine limite de douleur, et que tout ce qu'elle invente et accumule au-delà est perdu, grace au ciel, et ne porte pas.

Quel contraste entre les horreurs que je viens de retracer et les préceptes humains de Bouddha, l'attendrissement sympathique et le dévouement sublime empreint dans sa légende ! Ce contraste, au reste, n'est pas plus grand que celui que forme cette poésie dantesque, expression du catholicisme du XIIIe siècle, avec le sermon de la Montagne.

Si on avait besoin de prouver la bienfaisante influence du bouddhisme sur les mœurs et les institutions, il suffirait d'extraire de cette relation un passage où il est question de l'établissement de véritables hôpitaux dans la ville de Maghada, où le bouddhisme est représenté comme florissant et recevant les hommages même des brahmanes. « Les délégués que les chefs du royaume entretiennent dans la ville, y ont établi chacun une *maison de médicamens du bonheur et de la vertu* ; les pauvres, les orphelins, les boiteux, enfin tous les malades des provinces vont dans ces maisons, où on leur donne tout ce dont ils ont besoin. Les médecins y examinent leurs maladies ; on leur sert à boire et à manger selon les convenances, et on leur administre des médicamens. Tout contribue à les tranquilliser. Ceux qui sont guéris s'en vont d'eux-mêmes. »

Les ordres mendians, qui ont joué un si grand rôle au moyen âge, ne sont point une invention du XIIIe siècle. Saint François d'Assise avait été devancé de plus de mille ans par les saints mendians du bouddhisme, qui eux-mêmes avaient eu des devanciers au sein de l'antique religion des brahmanes. Il y a aussi chez les bouddhistes des religieuses mendiantes. Bien que Bouddha ait fait d'abord quelque difficulté d'admettre les femmes à la vie religieuse, il finit par y consentir, en les soumettant entièrement aux religieux. Les observances qui sont imposées aux mendians des deux sexes ne laissent rien à désirer pour la rigueur de l'abstinence qu'elles prescrivent. Une de ces règles a été dictée par ce sentiment de charité universelle qui s'étend jusqu'aux animaux. « Les alimens que le mendiant a obtenus seront divisés en trois portions : une portion sera donnée à la personne qu'il verra souffrir de la faim ; une autre sera portée dans un lieu désert et tranquille, et déposée sur une pierre pour les oiseaux et les bêtes. »

Les monastères bouddhiques semblent, à plusieurs égards, calqués sur les monastères chrétiens. Cette ressemblance s'étend même jusqu'à des coïncidences minutieuses et fortuites. L'on sait que les moines, au moyen-âge, exprimaient ce qu'ils étaient dans la nécessité de se communiquer, au moyen de signes semblables à ceux qu'emploient les sourds-muets. Les moines bouddhistes que visita Fa-Hian s'étaient avisés du même expédient pour éluder la loi du silence.

« Quand ils entrent dans le réfectoire, ils ont une contenance grave et posée ; ils s'asseient, chacun à son rang, avec ordre et en silence ; ils ne font pas de bruit avec leurs bassins et leurs autres vases. Ces hommes purs ne se permettent pas de s'appeler les uns les autres quand ils mangent, mais ils se font des signes avec les doigts. » Ne semble-t-il pas voir des capucins entrer au réfectoire et prendre silencieusement leur repas ?

Dans le pays de Kie-Tcha, selon notre voyageur, la nature est si attentive aux besoins des religieux, que le temps change et devient froid dès qu'ils ont reçu leurs provisions. À quoi servirait, en effet, le soleil, quand les religieux n'en ont plus besoin ? Mais le roi du pays, qui est un prince avisé, a soin qu'ils ne reçoivent cette provision annuelle qu'après que tout le grain du pays est parvenu à sa maturité. On assure ainsi la durée du beau temps, qui ne se permettrait pas de cesser avant la récolte des moines.

Ailleurs Fa-Hian dit, en parlant des rois bouddhistes de l'Inde : « Lorsqu'ils rendent hommage aux religieux, ils se dépouillent de leur tiare ; eux et les princes de leur famille, ainsi que leurs officiers, leur présentent les alimens de leurs propres mains. Quand ils les ont présentés, ils étendent un tapis par terre, évitant de se placer en face sur un siége. En présence des religieux ils n'oseraient s'asseoir sur un lit… Les rois, les grands, les chefs de famille ont élevé des chapelles en faveur des religieux. Ils leur ont fourni des provisions et fait donation de champs et de maisons, de jardins et de vergers, avec les fermiers et les bestiaux pour les cultiver. L'acte de ces donations était tracé sur le fer, et aucun des princes qui vinrent ensuite ne se serait permis d'y porter la moindre atteinte. »

Si les lignes qui précèdent n'étaient textuellement traduites du chinois, on croirait entendre un chroniqueur du moyen-âge vantant l'humilité respectueuse des princes dévots en présence des religieux et leur libéralité envers les monastères. Le monachisme a, dans le principe d'association et de perpétuité qui le constitue, une force d'absorption qui, au sein des circonstances les plus diverses, a dû produire les mêmes résultats.

Plusieurs des pratiques de dévotion usitées dans les couvens bouddhiques rappellent des pratiques monacales ou ecclésiastiques de l'Europe. Le chapelet y est fort en vogue ; les cloches y retentissent jour et nuit. Chaque monastère a des reliques de Bouddha. Ici c'est une de ses dents, là un os de son crâne ; c'est son bâton, son manteau, sa marmite ; la plus étrange des reliques de Bouddha, c'est son ombre[11] ; il y a même quelque trace de la confession[12]. Aucune des observances machinales qu'on a pu reprocher à l'ascétisme matériel de l'Espagne et de l'Italie n'approche de l'usage singulier des roues de prière. On colle sur ces roues ou cylindres des morceaux de papier sur lesquels sont écrites diverses oraisons. Au lieu de réciter les oraisons, on tourne la roue, et cette opération compte aux assistans comme s'ils eussent récité la prière. C'est prier à tour de bras. Ce que ne dit pas Fa-Hian, c'est que, dans certains endroits, on a tellement simplifié le travail, que les roues en question tournent par l'effet d'un poids suspendu comme un tourne-broche, ou du vent, comme les moulins. Ces dévots sont pour la prière comme était pour la danse cet envoyé persan qui, dans un bal, s'émerveillait de ces gens qui dansaient *eux-mêmes*… Eux aussi ont trop de la superbe apathie orientale pour prier eux-mêmes. Les chanoines du *Lutrin,* qui faisaient louer Dieu par des chantres gagés, n'y entendaient rien en comparaison. On n'a pas besoin de gager une roue ; il ne faut qu'un poids de dix livres ou un souffle de vent pour édifier tout le peuple. Certes les bons pères des *Provinciales,* malgré leur grande science, n'ont jamais porté à cette perfection l'art de la *dévotion aisée.* Il ne manque à cette sublime invention bouddhique que l'application de la machine à vapeur : mais les Anglais sont dans l'Inde, et il ne faut désespérer de rien.

Tous ces rapprochemens, les uns tenant à la nature des idées, les autres accidentels et fortuits, se présentent d'eux-mêmes à ceux qui passent de l'étude du christianisme à l'étude de la religion de Bouddha. En signalant quelques-uns des plus frappans, mon intention était surtout de faire sentir aux lecteurs l'importance de cette publication, et, en général, de tout ce qui peut, comme elle, éclairer l'histoire du bouddhisme. Il faut qu'on s'accoutume à donner une grande place dans l'histoire de la civilisation à cette doctrine, dont le nom était ignoré il y a un siècle ; et il faut qu'elle prenne son rang à côté des grandes religions qui ont si puissamment influé sur les destinées humaines. Traditions vénérables par leur antiquité, et puissance réformatrice, action morale et politique, théâtre immense et varié, profondeur de doctrine et richesse de fiction, église organisée, monachisme innombrable, pratiques touchantes et superstitions bizarres, rien ne lui manque de tout ce qui peut solliciter cette curiosité qui se plaît à étudier les grands et compliqués phénomènes de l'esprit humain. On ne peut nier que son histoire n'offre un certain parallélisme avec l'histoire de la religion chrétienne. Comme celle-ci, le bouddhisme s'est détaché d'une religion antérieure, par rapport à laquelle il a été un immense progrès. Il a proclamé aussi que tous étaient appelés ; il a foulé aux pieds dans l'Inde, à la face du brahmanisme, les divisions de castes, de races, de pays ; il a adouci les mœurs des nations barbares, et il a prêché la charité pour les hommes et la pitié pour les animaux ; il a prescrit et pratiqué la tempérance, la chasteté, l'humilité, la pauvreté, comme le christianisme primitif. Il a fondé une multitude de couvens pour les deux sexes ; il a reçu des donations, il a propagé le culte des reliques et des images, il a multiplié à l'infini les pratiques dévotes et les légendes, comme le christianisme du moyen-âge. Enfin, pour compléter la ressemblance extérieure des deux religions, le bouddhisme a eu son pape. Le lama du Thibet a été un chef spirituel, ayant des possessions temporelles, et reconnu par une grande portion des nations bouddhiques ; et tout cela dure encore, et à l'heure qu'il est, en Chine, au Japon, au Thibet, dans les steppes de la Tartarie, plus de quatre cents millions de nos semblables croient à la doctrine, et pratiquent le culte de Bouddha.

Mais sous ces analogies, qu'on ne m'accusera pas de déguiser, que peut-être on me reprochera tout aussi injustement de faire trop ressortir, se cache une différence profonde, radicale, dont les conséquences se retrouvent partout dans les deux religions, la différence du théisme au panthéisme. Le Christ est le fils de Jéhovah. Le christianisme a reçu du judaïsme la notion du Dieu auquel nous croyons, du Dieu vivant, du Dieu fort, du Dieu bon, c'est-à-dire du Dieu libre, du Dieu créateur, du Dieu aimant ; et le christianisme a été une religion de liberté d'action et d'amour. Le bouddhisme au contraire, qui n'a pu se dégager du vieux panthéisme indien, au sein duquel il a pris naissance, le bouddhisme n'a jamais connu d'autre dieu qu'un dieu mort ; car il est sans individualité, sans conscience de son être ; un dieu soumis à la fatalité, car le monde émane nécessairement de son sein ; un dieu qui n'aime point, car il n'y a pour lui ni mauvais ni bon ; lui-même ne peut être dit bon ou mauvais, chaque distinction se perdant au sein de sa ténébreuse et indiscernable unité. Aussi toute la tendance morale du bouddhisme s'en est ressentie. Les vertus actives qu'il prescrit, n'ont été considérées que comme des degrés inférieurs conduisant à une perfection plus haute ; et cette perfection a été l'anéantissement de l'activité humaine. La fin suprême de l'homme a été de perdre le sentiment de son moi, de renoncer à sa liberté, de s'élever au-dessus des affections les plus pures, au-dessus de la distinction du bien et du mal, d'arriver à un état où la différence de l'être et du non-être elle-même disparût, où il ne restât plus, comme le disent les bouddhistes, que le *vide*. Et ainsi cette religion, qui, à son point de départ, s'adressait aux meilleures tendances de la nature humaine, et se rencontrait avec le christianisme, entraînée par l'idée panthéistique qui la domine, n'a pas plus échappé que les autres religions de l'Inde aux conséquences de cette idée, aux extravagances du quiétisme oriental ; s'élevant de sphère en sphère par tous les degrés de la contemplation, elle s'est précipitée à travers les cieux dans un abîme. Le bouddhisme a tenté ce que saint Irénée reprochait aux gnostiques, quand il leur disait : « Vous avez voulu dépasser Dieu ! »

J.-J. AMPÈRE.

1. ↑ Voyez tome VIII de la première série, tome IV de la seconde série, *De la Chine et des travaux d'Abel Rémusat*.
2. ↑ Samanéen, sectateur de Bouddha, sectateur de Foë, sont synonymes.
3. ↑ Pag. 136.
4. ↑ Introduction, pag. L.
5. ↑ Pag. 68.
6. ↑ Pag. 71.
7. ↑ Klaproth, Vie de Bouddha, *Journal asiatique*, tom. IV, pag. 15.

8. ↑ Le Bouddha, qui se plaint avec tant de grandeur de la tristesse que lui causent les souffrances des êtres, a eu, dans les superstitions populaires de la Chine, une destinée misérable. Elles ont fait de lui une divinité femelle d'un ordre subalterne ; et il a fini par donner son nom de Pousa à ces figures arrondies par la base, dont le balancement grotesque a eu parmi nous un succès de vogue, les années précédentes, à l'époque des étrennes.

9. ↑ Telle est celle de l'ermite du grand arbre, qui maudit quatre-vingt-dix neuf femmes, lesquelles au même moment devinrent toutes bossues.

10. ↑ Pag. 75.

11. ↑ Pag. 86-87

12. ↑ Pag. 112.